Margot Weinand

AF198762

# Wünsche mir Zeit

## Gedichte gereimt und ungereimt

Impressum
1.Auflage
Juli 2020
Alle Texte und Fotos Margot Weinand
Herstellung und Verlag:
BoD- Books on Demand, Norderstedt
Printed in Germany,
ISBN 9783750498884

9 783750 498884

## Vorwort

Diese Gedichte sind eine
Zusammenfassung erlebter
Gedanken und Begegnungen,
aus der Vergangenheit und
Gegenwart. Schreibe über
unsere Natur und auch über
Nettigkeiten am Rande.
Mein Motto:
*Gedichte für alle*
*Momente des Lebens*
Sie werden beim Lesen mein Motto
erkennen, wünsche Ihnen dabei die
gleiche Freude, wie ich beim Schreiben
hatte.

Ihre
   Margot Weinand

# Wintermorgen

Tag erwacht mit neuem Leben
Nebel will den Schleier heben.
Mond das Fenster nicht erreicht
Dämmerung am Tag nicht weicht.
Nachts  Schnee auf Gras gestreut,
als wenn mit Zucker es bestäubt.

Kahle Winterbäume sie sind weiß,
frischer Schnee, wie Watte weich
Flocken fallen tanzend im Wind,
der Vogel findet den Meisenring.
in kalter Luft der Atem dampft
zart wirkt heut der Vogelklang.

Ruhe zum Wachsen der Natur
Winterschlaf schenkt Freude pur.
Es dauert oft einige Wochen
bis die Frühlingsblüte ist offen.

## Blüten klingen

Maiglöckchen blühen
überall der Boden grün.
Sehe Mai will Frühling saugen,
atme Luft geschlossen die Augen.
Alles ist bunt höre die Vögel.
Rieche viele grüne Blätter
mit kleinen Glöckchen.


## Feder

Wünsche mir, eine Feder zu sein, die
du findest deine Lippen presst sie
später zum Himmel pustest.


## Auf Zeit

Leider ist alles nur auf Zeit
er verschließt ihr den Mund
ihrer Liebe für die Ewigkeit
eingebunden in die Zeit.

## Nachtblick

Sternenklar zeigt sich diese Nacht,
tiefe Stille, gibt uns Kraft.
Auf dem Balkon ich gerne bleibe,
schau auf den Mond, eine Weile.
Die große Welt, sie atmet tief.
Der Vogel in dem Neste schlief.

Zwei Enten bügeln noch den Teich.
Fische schnappen Luft ganz leicht.
die Natur zeigt ihre Ruh,
sie braucht ihr Bett, weil alles zu.


## Toller Hecht

Wegen tollem Hecht
tausend Tränen geweint.
Meer der Sehnsucht
er war es nicht wert.

## Korsika

Rote Felsen aus tiefem Wasser.
Adlernester erster Klasse
keiner der stört die Schönheit,
jeder genießt es in der Zeit.
Steig auf Adler in blauer Höh,
Flügelschlag dann gerne nehm,
wenn umsonst die Sonne ruft,
dein zu Hause ist die Luft.


## Meisterhand

Weiße matte Blumen auf Glas
von Meisterhand malend erfasst
Schneeflocken tanzen im Zauber,
einsam, sucht Wärme die Taube.
siehst du das mundgroße Loch in der
Scheibe.
Es zeugt von einer Einsamkeit.

## Wandertag

Der Rucksack er wird gepackt,
alles  schnell in einen Sack.
Die Wanderkarte auch dazu,
es geht weiter dann im nu.
Starker Regen, der laut tropft,
ziehe die Decke über den  Kopf.

Freunde kommen spät zurück,
nasse Kleider Stück für Stück .
Sie zu trocknen an der Heizung,
reden dann als wär´s die Zeitung.
Es besteht die frohe Runde,
jetzt schon über eine Stunde.

Ich bleibe still  und denke nach
„ich hatte einen schönen Tag."

## Hell strahlt die Sonne

Glitzernde Perlen am Strauch
der leise Wind mit seinem Hauch
er hat den Frost  selbst besiegt
Sonnenstrahl dann recht behielt.

## Raupe

Fühle mich als Raupe
die sich verpuppt, lange träumt
um als blau roter Schmetterling
Blüten zu besetzen.


## Rot goldene Blätter

Diese tanzen im wehenden Wind,
Schwalben zum Süden geschwind
Zwiebelkuchen  dann als Reißer
dazu dann noch ein Federweißer.


## Der Wald

Er gibt  Zeichen des Lebens
Der Frühling will  Zeugnis  geben
Der Mensch spürt dieses Sehnen
er möchte nicht in Zwängen leben.

## Kristalle

Gefrorener Nebel wirkt Kristalle,
verzaubert die kahlen Bäume alle,
doch, wenn die Sonne sie küsst,
verschmelzen Kristalle im Licht.

Jeder Sonnenstrahl grüßt dich
mit Händen Wolken halten
und dein gefrorenes Lächeln
mit warmen Worten auftauen,
möchte dich atmen.

## Die Liebe

Will in deine Arme sinken,
von deinen Lippen trinken
will alleine uns nur spüren
unsere Herzen sich berühren

## Schreiben

Warum ich schreibe?
Ich brauche ein Ventil.
Will festhalten nichts vergessen
um  Gedanken hinauszutragen
die mich befreien.

Meine Gedanken lernen fliegen,
mich zu beflügeln!
Ich will die Botschaft weitertragen,

Botschaft des Lebens!
Ich schreibe, weil mir der Alltag
die Sprache verschlägt.


## Gedanken zum Alter

Ein Spiegel hängt in unserer Diele
dort ärgert mich oft eine Fliege
ich denke dann noch einerlei,
warum sie wohl mir nahe bleibt.

## Es ist wie es ist

Es ist was es ist sagt die Liebe.
Unsinn meint die Vernunft.
Es kommt das Unglück
sagt die Berechnung.
Es ist was es ist sagt die Liebe.

Es wirkt lächerlich sagt der Stolz.
Es ist leichtsinnig sagt die Vorsicht.
Es ist wie es ist sagt die Liebe.

## Astern

Es ist die Zeit der späten Blüte
in ihren Farben sie erblühte.
Zwischen rot grün und gelb,
steht im Herbst ihr kleines Feld.

## Salzige Lippen

Tränen Salz auf den Lippen,
ihre Zunge will es nippen,
ihre Seele wund geweint,
Tränen haben sie befreit.
Ein Aufschrei aus der Not
keine Gefahr mehr droht.

# Rügen

Mohn soweit das Auge reicht
Sonne  hat ihn ausgebleicht.
Wild streift der Sturm darüber
weil die Abende dann trüber.
Klingen zart die Vogelstimmen
Wasser rauschen bricht die Stille.

Man weiß zu leben so auf  Rügen
der Bauer wird den Acker pflügen.
Die Insel ist auch gut im Winter
kurze Tage sind  früh finster.
Wind er weht den Kopf dann frei
auf Rügen ist keiner abends allein.

Inselklima   sorgt für reine Luft
im Strandkorb findet jeder Schutz.
Eiskalte Luft und eine weite Sicht
bei klarem Wetter  gelegentlich.
Touristen warten auf die Zeit
dass der Mohn sich wieder zeigt.

## Lady meine Katze

Lady heißt meine  Katze
manchmal hebt sie ihre Tatze.
Manchmal abends möcht sie raus
morgens bringt sie eine Maus.
Ich liebe dich will sie mir sagen
ob mir das recht keine Frage.

Bin ich am Tag mit ihr allein,
will sie mal raus oder mal rein.
Sei nicht bös will sie mir sagen
ob mir das recht ist keine Frage.
Liegt sie vor dem Haus im Gras,
steckt ihr Revier genau nach Maß.

Katzenfell glänzend fein,
kann nur meine Lady sein.
ich liebe dich, möcht ich ihr sagen
ob ihr das recht ist, keine Frage.

## Liebe

Sie sagt „ich liebe dich"
gelangweilt schaut er
an ihr vorbei
ihr Herz schließt sich für immer.


## Liebe erlebt

Spüre, was den Körper durchläuft
Spüre im Herzen was sich anhäuft
Grenze des Verstandes aufgelöst
Liebe in unsere Herzen eingeflößt
dass ich  liebe kommt von innen
lass uns  Zweisamkeit beginnen.


## Herbstblätter

Raschelnd Blätter fallen
ihre Kraft sie ist entgangen
auf der Erde bis zum Winter
unterm Schnee bleibt es finster.

**Die Zeit**

Wir freuen uns über die Zeit
die uns zum Leben gereicht
wir füllen sie mit unseren Gaben
und freuen uns an allen Tagen.


**Lesen am Fenster**

Sitze am Fenster das ist offen.
Kind auf dem Schoß will hoffen,
ob  ich ihm aus dem Buch
ein Märchen ausgesucht.
Dann hab ich vorgelesen
obwohl es gut gewesen.

Doch es will immer hören
ließ sich dabei nicht stören.
Ich las immer  das selbe
ob es das Märchen war?
oder der Körper so nah?
oder war es die Stimme?

## Herbstbild

Herbst die Blätter schmückt
jedes Jahr für uns ein Glück.
Immer neu das Farbenspiel,
wenn der Nebel Fäden zieht.

Flitzt der Reiter übers Feld,
Mähne hat der Wind gewellt.
Nebel  sorgt verbreitend Stille
und erfüllt des Reiters Wille.

## Hahnenschrei

Der Tag beginnt, Nacht sich neigt.
Neuer Tag mit Tatendrang,
schreib mit Freude stundenlang.
Gedanken sind  leicht zu pressen,
Gedichte  darum angemessen.

# Jasminbaum

Der Jasmin in unseren Gärten
wird der Winter ihn erhärten.
denn der Boden ist doch hart,
Zuwendung bei Kälte-Grad.
Bringt  sogar der weiße Flor
Duft der  Blüten auch hervor.

Erwartungsvoll der Monat Mai
läutet dann den Sommer ein.
Wenn der Mai die Sonne wärmt
Düfte dann durch Lüfte schwärmt.
Danach der Busch oder die Hecke,
wenn Blüte vorbei, ist in der Ecke.
Bedeckt dann voll  das grüne Stück
bis zum nächsten Jahr zum Glück.

## Die Erde

Erde ist ein einziges Gedicht,
Menschen fehlt dafür der Blick.
Wer sie liebt wird sie verändern
überall in allen Ländern.


## Deich

Allein für eine kurze Zeit
am Deich in der Einsamkeit.
Groß die Weite rau der Wind,
Tränen machten mich fast  blind.

Frühjahr die Zeit die es schafft,
alle Kraft zusammen rafft.
Die Welle zart das Ufer küsst.
Wind der Atem der mich grüßt.

## Schiffe

Schiffe wiegen sich im Hafen
verliebt in das Wasser
sie wollen weiter ziehen
denn ihre Liebe ist das Meer


## Brückenbauer

Will dir eine Brücke bauen
eine Brücke des Vertrauens.
Will mit dir über Brücken  gehen,
wirst mich dann blind verstehen.

Eine Brücke der Zuversicht,
aus der Dunkelheit ins Licht.
Eine Brücke aus Liebe
die führt zum Frieden.


## Zu neuem Ufer

Wenn mich die Nacht umarmt
versinken  Wolken von Trauer
im Meer der Träume.
Es geht die Einsamkeit zurück
an die Quelle des Trostes.

## Blütenträume

Träume sind mir wie Blumen
die bunt leuchten.
Aus ihren Blüten lebt der Duft,
für Freude die in schwerer Luft .


## Kälte schneidet

Kalter Wind  schneidet
nackter Baum  leidet.
Er sorgt für verlassene Felder.
Weiter sorgt er dann noch selber,
wir erwarten nicht die Wärme
weiter machen mit dem Lärmen.

Gegen leicht gerahmte Scheiben
weiter hartnäckig zu bleiben.
Doch mein erstarrtes Gefühl
möcht  Ruhe die ich  fühl.
Sehne mich nach warmer Erde
dass es endlich Frühling werde.

## Der hellgraue Qualm

Er stieg weit über die Alm
vom Winde gelenkt,
sie gleich an ihn denkt.
Ihr wurde es warm,
nun ist er da ihr ganz nah.
Die Freude war groß
Für heut ganz famos.

## Die im Dunkeln

Will im Licht leben und teilhaben
Versprechen erfüllt im Haben
schaff es nicht,  mir fehlt das Licht
„Die im Dunkeln sieht man nicht"

## Andenken

Aus der Muschel in meiner Hand,
Geräusche, die ich kaum gekannt.
Spürte ich das Meeresrauschen,
dem ich wollte gerne lauschen.
Urlaub der Erinnerungen,
Mir ist für heute dies gelungen.

## Warte

Sehe ihn,
warte auf ihn zu spüren
spüre ihn,
wir leben im Glück
warte,
dass er bleibt
er geht,
fahre ihm nach
an der Türe ein Zettel
mir bleibt die Luft weg
für mich ist der Zug abgefahren
mein Weg nach Hause
warte nicht mehr.


## Kleiner Tipp

Freundlich gegen Jedermann.
Auch mit dem, der es nicht kann.
Wenn du Fehler musst ertragen,
wenn´s dauern wird noch Tage
Denke gründlich bis zum Ende,
wenn es nicht geht, einfach wende dich
zurück und sei vergnügt
warte bis sich alles fügt.

## Vertrauen geboren

Halte den Spatz in der Hand,
er gibt keine Ruhe.
Halte die Hand an die Lippen
flüstere ihm etwas zu.

Er wird ruhig, spürt die Worte.
Zahm ruht er in meiner Hand.
Bleibt, als die Hand geöffnet.
Fliegt er zum Fliederbusch fort.

Sieht sich noch einmal um.
Tiefe Freude, es scheint er lacht
Der Tag ist am schönsten
Dann wenn er erwacht.


## Eine neue Phase

Zum Beginn jeder neuen Phase,
stell ich mir die gleiche Frage
wo steuert jetzt mein Leben hin
hat alles planen noch den Sinn
jede Schönheit meines Lebens
soll mir die Entdeckung geben

## Gesicht der Sonne

Ausgeruht auf dem Balkon,
saß ich als die Sonne schon,
sich in ihre Ruh begab,
mir dabei  zugeblinzelt hat:
„Es sei aus mit ihrem „SCHEIN"
somit blieb ich dann allein.
Wunden der Seele
Beginnen zu heilen
habe beschlossen
Worte lieber runter zu schlucken
statt sie aus zu spucken

## Alf mein treuer Freund

Alf mein Freund ist treu
aufmerksam und scheu.
Schmust immer leise
mit dem Körper weise.

Den Kopf in meinem Arm
hält mich damit  warm.
Braun sind seine Augen
möchte ihnen  glauben.

Mit staunendem Blick
versucht er seinen Trick.
Will bei den Spaziergängen
niemanden bedrängen.

Voll Freude und Schwung
kommt schnell sein Sprung.
Das war meine Dogge Alf,
bis sein Tod uns trennte.

## Nur ein Weg

Sehe wie hell der Mond lacht
es beginnt die dunkle Nacht.
Regenbogen für ihn gilt nicht.
Sehnt sich nach Regen im Licht.
Tausende Wege in vielerlei Leben.
Jeder kann nur seinen Weg gehen.

## Feuchtes Laub

Wandere im Wald.
Mantelkragen hochgeschlagen.
Sehe feuchtes farbiges Laub.
Höre das Zwitschern der Vögel.
Rieche feuchtes Holz.
Gehe träumend weiter.

## Lebensfülle schaffen

Freude ein Kind wird geboren,
überall Freude halt offen die Tore.
Frühling heißt Jugend in Frische.
Rechte Gemeinschaft am Tische.
Jahre des fleißigen Schaffens,
Lebensfülle wird alles straffen.

Herbst des Lebens zwinget dann,
mit Erinnerungen dann und wann.
Wenn es geht zum Winter,
sucht man Kraft denkt an Sprinter.
Wartet an den offenen Toren,
die wenn zu, das Leben verloren.

## Winterbild

Winter schenkt Ruhe von innen,
Menschen bleiben oft drinnen.
In den Häusern, großes Volumen
Fenster mit den Eis- Samtblumen,
an Scheiben man sieht  es doch
ein blankes mundgroßes Loch.
Schön, der fort laufende Wandel,
Frühling bis Winter unsere Lande


## Früh morgens am Fenster

Halte in der Früh das Fenster offen
mein Hund hat sich  verkrochen
Höre dann den Vogelstimmen zu
einer fängt an, doch er hat Mut.
selbstbewußf die Melodie,
lauter dann als wenn er schrie,
kommt und laßt uns fröhlich sein.

## Sommerabend

Die große Sonne ist versprüht,
der Sommerabend liegt im Fieber
ich fühle mich so recht vergnügt
und denke nun, was will ich lieber,
als nutzen diesen Sonnentag,
der auf mich heut bewartet hat.


## Meine  Lebenszeit im Sommer

Sommerzeit reich und farbenfroh
in der Familie bleibt es so.
Genieß jede Phase, die gelebt,
weil das verliebte Herz leicht bebt.
Geschenkt  Erfüllung der Freude,
keine  Zeiten zu vergeuden.
Im Vollbesitz der eigenen Kräfte,
die Möglichkeiten immer Schätze.

## Wetterbild

Kalter Wind er schneidet,
nackter Baum, er leidet.
Keine Blätter die ihn wärmen,
schwarze Raben hört man lärmen.
Er möchte gern die Ruhe spüren,
Einsamkeit kennt die Gefühle.
Er sehnte sich nach warmer Erde,
dass es doch bald Frühling werde.

## Sturm der Wolken malt

Siehst du die silbernen Strahlen?
Sturm er will die Wolken malen.
Die Wolke jetzt ganz schnelle,
am Himmel, schäumende Welle
das Abendrot scheint leicht,
sich mit dem Meer vereint.

# Mein Garten ein Ort

Mein Traumgarten ist so ein Ort.
Finde Blätter in einem fort.
Das ist mein eigenes Paradies,
Das ich bisher kaum verließ.
Weil die Seele dort baumeln kann,
in kleinste Lücken baue ich dann,
Muster auf Platten und Steine
Bruchstücke auch winzig kleine.
Auch in Sitzhöhe Kissen in Lücken
kleine Pflanzen leichte stückeln.


# Schmerzende Erinnerungen

Erinnerungen ihres Herzens
spürt immer noch die Schmerzen
Weiße Rose vor dem Bilde
stille Gedanken bleiben milde
Rosenduft durchströmt den Raum
dieser Schmerz er bleibt ein Traum

## Mein Leben

Schau nicht mehr den Blüten zu,
bin still und pflege meine Ruh.
Der Abbau schreitet stets voran,
erwarte Kraft, die leben kann.
Es geht kaum weiter, denn ich übe
bis ich Boden unter Füßen spüre.
Es fällt mir schwer es aufzuhalten
Gott helfe mir, es durchzuhalten.
Kraft für heute scheint mir klein
auf Seine Hilf trau ich allein.


## Hilfe in meinem Traum

Weiß woran es eigentlich fehlt,
kein Name auf der Liste steht
es gibt dich nicht in Wirklichkeit
wer hätte für mich denn noch Zeit.

## Wunder, die ich erlebe

Kleine Wunder gibt es viel,
die gewiss sind nie ein Spiel.
Bei Tag und bei Nacht
gibt Gott auf uns acht.
Mit ihm zu reden, habe ich Mut
ER hört mir zu, ER meint es gut.
Es ist ein Teil von Seinem Plan,
dass ich versorgt werd jedes Mal.
Du mein Vater höre mein flehen
Du liebst, wirst mich verstehen.


## Noch einmal

Noch einmal den Weg gehen,
Zärtlichkeit spüren.
Noch einmal der Stimme lauschen,
Worte der Liebe hören.
Sterne in seinen Augen sehen,
lange wartet sie,
auf die vielen noch einmal.
Es ist vergebens zu warten.
Noch einmal scheint vorbei!

## Geburtstagsgruß

Ich sitze hier und denk dran
reich mein Leben, nichts zerrann.
Einfach schön, find ich es hier
mein Geburtstag schenk ich mir.
Ich kann tun was mir gefällt,
wenn auch klein ist meine Welt.
Niemand dreht die Zeit zurück

Erinnerungen sind mein Glück
wo blieb manches schönes Jahr?
Unerreicht und doch so nah.
Ich liebe meine Gegenwart
manches Mal ja da wirkt sie hart.
Schau zum Himmel Sterne erblick,
einer mir leuchtet, ein Juwel er mir ist.

## Eine Freundin

Will Positives aus ihrem Leben
schicke Kleidung Zeugnis geben
sie geht, wie kann es anders sein
gern shoppen auch mal ganz allein
am Wochenende holt sie mich ab
Handel hält auf, nicht zu knapp.

Kann wirklich nur noch staunen,
sie bringt alles fertig, ohne Pause.
Tage spannend und geheimnisvoll
vergisst nichts; alles einfach toll!
Du bist immer hilfsbereit
egal was ich brauche, du hast Zeit.

Wenn ich möcht Dir was schenken
muss zuerst ich immer  denken
bist mir als Freundin richtig jung
für mein Alter frei zum Sprung
Vera, Du bist diese Liebe wert!
Denn Du hast ein gutes Herz.

## Jahreszeit

Laue linde Luft und grüne Bäume,
Blumen hinter Gartenzäune.
Der Steingarten ziert das Haus.
Frühjahr ist da, führt alles aus.
Wiegende Kornfelder im Wind,
der Markt herrliche Farben bringt.

Grüße die Beeren und Kirschenzeit
im Sommer da wird alles reif.
Buntfarbig die Wälder sich zeigen,
rostfarbig die Blätter sich neigen,
rollen zusammen fallen hernieder.
Kinder sammeln Kastanien wieder.

Rau will der Herbstwind  wehen,
mancher Busch bleibt nicht stehen
Schneeflocken in ihrer Pracht.
alles wird weiß oft über  Nacht.
Winter  Wärme nah und fern.
So haben alle die Jahreszeit gern.

## Am Meer

Um die Füße grüner Schaum
klares Wasser und kein Baum
feuchten Sand  an seinen Zehen
nicht  angenehm beim Gehen.
Sonne spiegelt sich im Meer
kleine Wellen hin und her

Sie suchen einen Platz im Kühlen.
Etwas weiter dann die Düne
ein rechter Platz für Träumerei,
hören laut die Möwen schreien
fröhlich pfeift er dann sein Lied
Riesenschritte, wie noch nie,

Nimmt stürmisch sie im Arm,
sie spürt es wird ihr  warm.
Sie rollen über  heißen Sand,
Schreck lässt nach, fast verbrannt.


## Versprechen

Leider hat sie ihn verkannt,
er versprach ihr in die Hand,
sie glaubte fest an seine  Worte
fern der Heimat fremder Orte.

## Nähe

Nähe sie ist wichtig
auch immer richtig.
Zeit auszuschöpfen,
manches aufzuknöpfen,
herzlich dann ein Kartengruß,
ein Brief, ein flüchtiger Kuss.
Er ist da, spür seine Nähe
niemals werde ich ihn schmähen.


## Kopfweiden am Niederrhein

Kopfweiden als edle Bäume
Wasserreichtum sie bezeugen
Wahrzeichen des Niederrheins,
das für alle Zeichen reicht.
Die Wurzel ist sehr verzweigt,
weil der Platz am Ufer reicht,
er gibt Halt auf Wanderwegen
die Pflanze sich vermehren.

## Arbeitsbeschaffung

Fleißiges Lieschen wirft die Blüten
auf grünen Rasen
der Gärtner wird nicht arbeitslos.

## Baumbeschnitt

Äste von zusammen
gebrochenen Büschen.
Rest von verdorrtem Laub
mit Staub und Wärme
aus dem prasselndem Kamin
mit wilden Jungs,
die dies Feuer bändigen
und immer wieder entflammen

## Verändern

Es glaube doch niemand,
Er könne nichts verändern.
Jeder der angefangen, weiß
wie es sich lohnt etwas
auf den Weg zu bringen.

## Unsere Liebe

Ich liebe dich du liebst mich
kein Tag vergeht, ohne das wir
alles teilen.
Geteilt konnten wir Schweres ertragen,
unsere Liebe ist unser Trost.


## Verkannte Gefühle

Seine Liebe eine Lüge
Sie verkannte die Gefühle
er trug stets ihr Bild
doch sein Herz blieb wild


## Abschied fassend

Er ging fort sie blieb allein
konnte nichts fassen,
es sollte nicht sein.

Vita

Margot Weinand geb 7.6.33 in Essen
Einschulung 1939
Nach 8 Schuljahren Ausschulung Erfüllung
der Schulpflicht 1947
Soziales Pflichtjahr 1947
Lehre 1948
Abschluss Kaufmannsgehilfenbrief 1951
Beginn Berufstätigkeit & Weiterbildung Steno
und Schreibmaschine Handelschule.
1958 Selbstäntigkeit Schreib&Spielwaren.
1965 Heirat
1970 berufsbegleitende Weiterbildung
1973 Erzieherin in der Kinderheimat
Neukirchen-Vluyn
Nach interner Weiterbildung
1986 Berufung zur Heimleiterin
1999 Ruhestand
Seit dieser Zeit schreibe ich Gedichte
2003 Mietglied des Autorenkreises
Meine 2 erwachsenen Kinder sind verheiratet.
Habe 3 Enkelkinder.
Lebe seit Februar 2019 im Matthias
Jorissenhaus in Neukirchen-Vluyn.

Bereits veröffentlicht:
Gedichtsbände Bod Verlag
Alles hat seine Zeit
Gelebter Glaube
Höre den Frühling
Zeitwert
Unser Sommer
Wünsche mir Zeit

Kurzbiogrphie
Eine Heimleiterin erzählt

Autobiographie 2018
Stöbern im Schatz meiner Erinnerung